LES TOMBEAUX

DES RICHELIEU

A LA SORBONNE

Coulommiers. — Typographie de A. MOUSSIN.

LES TOMBEAUX

DES

RICHELIEU

A LA SORBONNE

PAR

Un Membre de la Société d'Archéologie de Seine-et-Marne,
de l'Académie d'Arras, etc.

PARIS

ERNEST THORIN, LIBRAIRE-ÉDITEUR

58, BOULEVARD SAINT-MICHEL, PRÈS LA SORBONNE

1867

LES TOMBEAUX

DES RICHELIEU

A LA SORBONNE

Il a été beaucoup écrit, dans ces derniers temps, au sujet de la restitution de la tête du cardinal de Richelieu dans l'église de la Sorbonne, et sauf le *Moniteur*, on a publié à l'envi les renseignements les plus inexacts.

Admis à l'insigne honneur de voir ce précieux débris, nous avons touché ce front derrière lequel se sont agitées les vastes pensées de l'homme qui gouverna la France, et nous nous sommes proposé de réunir tous les documents relatifs à cette pieuse restitution.

Nous avons puisé aux sources les plus authentiques et nous offrons à nos lecteurs le résultat de nos travaux.

Et d'abord, raconter la cérémonie imposante dans laquelle un Ministre de l'Empereur, — dont la vie a été consacrée à l'étude de l'histoire, — des archevêques, des évêques, des membres de l'Institut, des savants, etc., sont venus rendre un pieux hommage à la mémoire du cardinal-ministre, de l'évêque de Luçon, du fondateur de l'Académie française , n'est-ce point donner un brevet d'authenticité à la relique rendue au silence du tombeau.

C'est par là que nous commencerons.

Le 15 décembre 1866, à midi, M. Duruy, ministre de l'Instruction publique, accompagné de M. Ch. Robert, secrétaire général du Ministère et de M. Anatole Duruy, chef du cabinet, est arrivé à l'entrée de l'église de la Sorbonne où Mgr Maret, évêque *in partibus* de Sura et doyen de la faculté de théologie, M. Adolphe Mourier, vice-recteur de l'Académie de Paris et M. l'abbé Bourret, professeur de la Faculté de théologie, sont venus les recevoir. Sa Grandeur Mgr Maret lui a présenté l'eau bénite.

M. Duruy s'est avancé au centre de l'église où l'attendaient Mgr l'archevêque de Paris, ses grands vicaires et les professeurs de la Faculté de théologie. Son Excellence était accompagnée d'un huissier portant le coffret contenant la tête du cardinal.

En remettant lui-même ces nobles débris à Mgr Darboy, M. Duruy s'est exprimé en ces termes :

« Monseigneur,

« Je dépose en vos mains ce qui nous reste d'un grand homme dont le nom est toujours ici présent, parce qu'il pacifia et agrandit la France, honora les lettres et construisit cette maison, qui est devenue le sanctuaire des plus hautes études. L'Université et l'Académie accomplissent un devoir filial en réunissant leur hommage au pied de cette tombe, qui ne sera plus violée. »

L'Archevêque lui a répondu :

« Monsieur le Ministre,

« Je remercie le Gouvernement de l'Empereur d'avoir eu la pensée de faire restituer à la Sorbonne les précieux restes que Votre Excellence veut bien me remettre. J'ose vous féliciter, monsieur le ministre, d'avoir attaché votre nom à cette œuvre réparatrice, et je suis heureux de la part qu'il m'est donné d'y prendre en ce moment.

« Je ne m'étonne pas que tant de personnages considérables aient tenu à honneur de se rendre à cette cérémonie expiatoire. C'est la sagesse du présent qui vient protester contre l'inexpérience et les entraînements du passé. C'est un acte de haute moralité et d'une politique vraiment sociale. Il est bon de montrer que la violence n'a jamais le dernier mot, mais que c'est la raison qui finit toujours par avoir raison.

« Ce que les pères renversent, les fils le relèvent; l'homme outrage, mais le temps venge. Grand exemple pour la génération actuelle, qui ne refusera pas de comprendre qu'elle doit faire œuvre de bon sens et de modération, et non pas œuvre de colère et d'aveugle violence!

« Je demande à Dieu qu'il en soit ainsi, et que les destinées de la France soient à jamais protégées contre toutes ces tristes vicissitudes où la force insulte et proscrit, sans que le droit puisse se faire reconnaître et la liberté s'établir, et sans que les hommes y gagnent en grandeur morale ! »

Le cortége s'est ensuite dirigé vers le chœur, et les

restes de Richelieu placés sur un brancard recouvert de velours noir surmonté du chapeau rouge de cardinal, ont été déposés sur un riche cénotaphe.

Le Ministre, M. Charles Robert et M. le Vice-Recteur de l'Académie de Paris ont pris place aux fauteuils qui leur étaient destinés.

Dans le chœur, on remarquait N. N. S. S Dubreuil archevêque d'Avignon, Landriot, évêque de la Rochelle, Lavigerie, évêque de Nancy, Buquet, évêque *in partibus* de Parium, Meignan, évêque de Nancy ; Hugonin, évêque nommé de Bayeux, ainsi que MM. le R. P. Captier, dominicain ; l'abbé Foulon, supérieur du petit séminaire de Paris et un grand nombre d'ecclésiastiques.

Dans l'église, aux places réservées, était une députation de l'Académie française, en costume, composée de MM. Cousin, Berryer, Lebrun, Camille Doucet, ainsi que les inspecteurs généraux de l'Instruction publique, les inspecteurs de l'Académie de Paris, les doyens et professeurs des Facultés, etc.

Dans la chapelle dite de Richelieu, avaient pris place M. le duc de Richelieu, madame la marquise de Jumilhac et MM. Armand et Marcel de Jumilhac.

Nous avons remarqué dans l'assistance M. le baron de Vincent, sénateur, M. le comte de Grave (1), M. Giraud, ancien ministre de l'instruction publique, M. Nisard, directeur de l'Ecole Normale et membre de l'Académie française, etc.

Après le chant du *Miserere*, Mgr l'archevêque de Paris a entonné le *Requiem*.

(1) Neveu de la marquise de Montcalm-Gozon, née Richelieu ; ancien aide-de-camp du roi Louis-Philippe.

Deux clercs ont alors pris le brancard sur lequel était posée la précieuse dépouille et l'ont portée au tombeau du Cardinal. Derrière marchaient Mgr Darboy, M. le ministre de l'Instruction publique, Mgr Maret, M. Charles Robert et M. Mourier. Sur l'invitation faite par Son Excellence M. Duruy à M. Berryer, les membres de l'Académie française se sont joints au cortége.

Après les prières d'usage, le coffret a été descendu dans un caveau préparé sous le monument même représentant le Cardinal à demi-couché, soutenu par la Religion (1), et les assistants ainsi que la famille de Richelieu ont jeté l'eau bénite.

Le Cardinal reposait enfin dans l'église qu'il avait fait bâtir, ainsi que l'indique l'inscription à peu près effacée qu'on lit sur le fronton du côté de la cour de la Sorbonne.

Armandus, Joannes, Car. Dux. Richelieu, Sorbonæ provisor, ædificavit domum et exaltavit templum Domino MDCXLII.

Aux murs latéraux de la chapelle on avait placé provisoirement des panneaux imitant le marbre noir sur lesquels on lit ces inscriptions,

Sur la plaque de droite :

(1) Auprès de la Religion sont deux Génies qui supportent les armes de Richelieu ; à l'extrémité la Science pleure le génie qui s'en va. Ce mausolée a été élevé par les héritiers du Cardinal en 1694. Il était placé avant, la Révolution, au centre du chœur, sur le caveau où était enterré le cardinal. En 1801, il fut transporté au Musée des Petits-Augustins où il resta jusqu'en 1815, époque à laquelle le roi Louis XVIII le fit remettre à la place qu'il occupe aujourd'hui.

Hic
Sub monumento
Magni cardinalis et ducis
Armandi-Joannis du Plessis Richeliev
Post annos à lugenda profanatione LXXIII
Pia sollicitudine recuperatum
Conditum est caput
Regnante gloriosissime
Napoleone III
Clarissimo viro. V. Duruy
Imperatoris à consiliis et studiorum
Summo moderatore
Reverendissimo et illustrissimo in ✝ patre
A. Darboy
Archiepiscopo Parisiense
Reverendissimo et illustrissimo
Episcopo Surense d.. Maret
Sacræ facultatis decano
Patria plaudente
Die mensis decembris XV
Anno salutis MDCCCLXVI.

Sur la plaque de gauche :

Richelio Sorbonæ provisori
Academicæ provisor Sorbonicæ
Cum aliud nihil ejus amplitudini posset accedere
Amplissimas œdes adjunxit
Una cum imperii finibus scientiarum finem proferens
Ut Gallia et mundi domina fileret et magistra
Nec homines modo officiis complexus sed Deum
Ædes œdibus adstruxit
Nobilissimam ab arte, nobiliorem à conditore
Ejus amplitudinem vel ex eo intelligas
Quod Richelium capit
Quippe monumentum in ea sibi posuit
Qui ubique gentium posuerat
Nominis sui ac famæ monumenta
Nec alibi quam in sede
Sorbonæ reponendum erat
Galliæ palladium
Nec nisi in sapientiæ
Sapientiæ corculum.

Après le *Veni, Creator*, une messe solennelle a été chantée pour l'ouverture des cours de la Faculté de théologie, et M. l'abbé Perraud, prêtre de l'*Oratoire* et professeur à la Faculté, a prononcé un discours sur Richelieu, dans lequel il a montré que si le cardinal avait été un grand ministre, il n'avait pas été non plus un évêque ou un théologien ordinaire.

A deux heures, la cérémonie était terminée et cette tête dont les vastes pensées avaient agité toute l'Europe, rentrait dans le silence du tombeau, après avoir été le jouet des passions révolutionnaires.

Il y avait presque jour pour jour deux cent vingt-quatre ans que le *Roi du Roi,* ainsi qu'on appelait le Cardinal, avait paru devant Dieu pour lui rendre compte de sa vie (1) !

En restituant la tête de Richelieu, M. Duruy avait exaucé un vœu depuis longtemps formé.

On lit en effet dans le *Bulletin archéologique* :

« M. François Grille, bibliothécaire d'Angers, correspondant, fait savoir que la tête (le crâne) du cardinal de Richelieu est aujourd'hui en la possession de M. Armez fils, député des Côtes du Nord. Quand le tombeau du cardinal de Richelieu fut violé en 1793, dans l'église de la Sorbonne, un épicier s'empara de cette tête et la garda longtemps chez lui dans une armoire. Mais comme sa femme en avait peur, il se détermina à s'en défaire et la vendit ou la donna à M. Armez père. A la Restauration, M. Armez l'offrit au

---

(1) Suivant sa volonté expresse Richelieu fut transporté à la Sorbonne. On peut lire sur ses funérailles l'histoire de l'Université de Paris par M. Ch. Jourdain, de l'Institut, p. 147. Il les raconte d'après un manuscrit appartenant au Ministère de l'Instruction publique. Reg. XXVII, fol. 324.

duc de Richelieu, alors ministre; le Ministre ne répondit pas. Depuis lors cette précieuse relique est restée entre les mains de **M. Armez fils.**

« M. le comte de Montalembert exprime le vœu que cette tête soit replacée dans le tombeau remarquable du cardinal de Richelieu qui décore le croisillon méridional de la chapelle de la Sorbonne. Cette chapelle a été bâtie par le cardinal; il n'y a donc pas de place plus convenable pour ce dernier reste du grand ministre que son propre tombeau entièrement vide aujourd'hui (1). »

Le Comité des arts et monuments s'associa à ce vœu et pria M. le Ministre de l'Instruction publique de faire les démarches nécessaires pour que la tête du cardinal fût replacée dans son tombeau.

Nous avons contrôlé ce document. Il est exact quant au fond, mais erroné sur plusieurs points.

Ainsi ce n'est pas M. Armez père qui posséda le premier cette tête; il n'habitait pas Paris en 1793, il était maire de Plourivo (Côtes du Nord), où son fils, ancien député de ce département, exerce encore les mêmes fonctions. C'est à son frère, l'abbé Nicolas Armez qu'elle fut donnée. En second lieu, M. Armez ne l'offrit pas en 1820 à M. le duc de Richelieu. Une dame de Kérouard la lui demandait, à cette époque, pour l'offrir au duc; M. Armez ne crut pas pouvoir déférer à son désir.

Voici comment M. l'abbé Armez devint possesseur de la tête de Richelieu.

Il habitait Paris avant la Révolution et avait pour

(1) T. iv, page 154. Séance du 19 Juin 1846.

fournisseur un nommé Cheval, bonnetier, demeurant rue de la Harpe ou rue St-Jacques, à peu de distance de la Sorbonne. Un jour, cet honorable ecclésiastique ayant été faire un achat chez ce marchand, celui-ci l'emmena dans son arrière-boutique et lui montra un masque (1) du cardinal de Richelieu ainsi qu'un morceau du linceul qui avait servi à l'ensevelir (2). Il lui raconta que, chargé de présider à la destruction de son tombeau, il avait profité d'un moment où les ouvriers prenant leur repas, il s'était trouvé seul dans l'église de la Sorbonne, pour s'emparer de ces dépouilles et les emporter sous son manteau (3). Il avait eu soin, ajoutait-il, de se retrouver sur les lieux au moment du retour des ouvriers et d'arranger les choses de manière à ce qu'ils ne s'aperçussent de rien.

M. Armez obtint du sieur Cheval la permission de faire voir la relique à quelques personnes et il en profita plusieurs fois.

Un jour qu'il y était retourné seul, après le 9 thermidor, celui-ci lui dit : « Je crains d'être arrêté et déporté comme ardent révolutionnaire (4); j'ai vu que vous attachiez du prix à la tête de Richelieu, je n'en ferai rien, veuillez l'accepter. » M. Armez refusa d'a-

(1) On ne possède en effet que le masque et il ne faut pas s'en étonner; « dès cette époque, la science interrogeait curieusement le cadavre des hommes pour chercher dans la conformation de leur corps le secret qu'il avait renfermé. Les chirurgiens qui firent l'ouverture de la tête du Cardinal... » (Bazin, histoire de Louis XIII).

En effet, la section en est parfaitement nette et suit la perpendiculaire partant de la base des cheveux pour passer sous le menton.

(2) Ce morceau maculé est en toile forte.

(3) La date de la violation des tombeaux de la Sorbonne est en frimaire, an II.

(4) Les recherches faites aux archives des Préfectures de la Seine et de Police signalent, en effet, le sieur Cheval comme l'un des plus ardents patriotes de la Section des Thermes.

bord ; voyant cependant qu'elle pouvait tomber en toute espèce de mains, s'il ne la prenait pas, il céda à ses instances.

Quelques années plus tard, l'honorable ecclésiastique la donna à son frère, père de celui qui vient de l'offrir si généreusement à Sa Majesté l'Empereur.

M. Armez fils habita Paris pendant quelques années, et MM. Cousin et Chaix d'Est-Ange furent admis à voir chez lui la tête du Cardinal. En 1840, elle fut confiée à M. Bonhommé, peintre d'histoire, chargé de faire le portrait du Cardinal qui décore l'une des salles du Conseil d'Etat.

Les documents que nous avons consultés (1) ne constatent certes point *le vol* commis par le sieur Cheval, mais, bien loin d'infirmer les faits que nous venons de raconter, ils tendent à les établir. Il n'est pas douteux, en effet, que les commissaires préposés à l'exhumation, en supposant même qu'ils aient eu connaissance du crime, se fussent bien gardés de le constater dans leurs procès-verbaux.

Nous devons donc nous borner à montrer les moments où l'auteur du vol a pu le commettre. Ils sont faciles à préciser.

Dans le procès-verbal du 19 Frimaire, an II, je lis que les citoyens Dubois, Hébert et Grincourt, commis à l'enlèvement des cercueils (de la Sorbonne) (2), ont appris du citoyen Bernard, porteur de la clef (de

---

(1) Archives de la ville de Paris. Procès-verbaux de l'enlèvement des cercueils en plomb dans la Sorbonne, les 19, 20, 21, 22 et 23 Frimaire an II.

(2) L'ordre avait été donné d'y fouiller, sur la déclaration faite par le Sieur Leblanc, membre du Directoire, « d'un dépôt soupçonné enfoui dans la ci-devant église de la Sorbonne. » (Archives de la Préfecture de la Seine.)

l'église), « qu'il était venu plusieurs citoyens le
« dix-sept de ce mois, du nombre desquels était le
« citoyen Saillard, commissaire de la section, à l'effet
« de fouiller dans ledit caveau (1), qu'il l'avait effecti-
« vement fait ouvrir, mais qu'il n'en savait pas davan-
« tage ; que le citoyen Saillard pourrait mieux nous
« instruire ; d'après lequel dire, ajoutent les commis-
« saires, nous avons fait prier le citoyen Saillard de
« venir nous donner des renseignements sur la décla-
« ration ci-dessus, à quoi obtempérant, il est venu et
« nous a dit : « qu'avant-hier *un particulier dont il ne*
« *se rappelle pas le nom, mais chargé d'ordre du dé-*
« *partement,* était effectivement venu au Comité re-
« quérir un commissaire de l'accompagner à la Sor-
« bonne pour fouiller ledit caveau; qu'il s'y était trans-
« porté avec lui ; qu'il avait fait ouvrir ledit caveau ;
« qu'ils y sont descendus sans en rien emporter; qu'ils
« l'ont fait refermer, et que depuis il n'en a plus en-
« tendu parler (2). »

Les caveaux sont ensuite ouverts et fouillés officiel-
lement les 19, 20, 21, 22 et 23 du même mois, les
procès-verbaux du travail de chaque jour sont dres-
sés et nous y voyons *qu'une heure est accordée « pour*
le déjeuner des ouvriers. » On ne mentionne aucune
surveillance pendant cette heure, tandis qu'à la fin de
chaque vacation, on constate la fermeture de l'Eglise
et la remise de la clef au citoyen Denoyelle, chargé
de la garde des cercueils. »

Donc, soit que « *le particulier* » qui a visité le tombeau le 17, ait été le sieur Cheval et qu'il ait eu pour

(1) Celui du Cardinal.

(2) Je trouve que le sienr Saillard est bien négligent d'avoir
oublié le nom et je soupçonne fort le sieur Cheval d'être le particulier, bien qu'ils soient partis *sans rien emporter.*

complice le commissaire Saillard, soit que le sieur Cheval ait profité de l'heure d'interruption accordée aux ouvriers, tout semble attester l'authenticité de la précieuse relique. Il est important aussi de ne pas oublier que le citoyen Cheval est signalé comme *un des plus ardents patriotes de la Section des Thermes.* Il est facile de penser qu'avec ce brevet de civisme, il trouvait toutes portes ouvertes et qu'après le 9 thermidor il devait avoir grand empressement à faire disparaître les traces de son crime.

Que pouvons-nous ajouter à ces détails ?

Nous l'avons dit précédemment, nous avons vu le masque du Cardinal et sa vue seule avait suffi pour nous convaincre que nous avions sous les yeux la figure même du grand ministre. Comparé à son buste, aux gravures du temps, au portrait de Philippe de Champaigne, *la ressemblance est encore frappante.* C'est bien la face amaigrie, la figure fine et aristo-cratique que l'on voit au Louvre.

La peau desséchée est grumeleuse, les yeux ont disparu dans une orbite immense et profondément creusée à laquelle tiennent encore les paupières gar-nies de leurs cils ; le nez à partir de l'os est un peu écrasé vers la droite (cette partie cartilagineuse aura été écrasée par le poids du linceul) ; la bouche se re-lève contractée vers la droite, elle est garnie de pres-que toutes ses dents qui sont fort pures, la barbe et la moustache y sont encore. La pointe des cheveux est parfaitement indiquée au sommet du front, telle qu'elle sortait de la calotte rouge.

La tête est uniformément d'une couleur brune, cou-leur qu'elle doit à un vernis. M. Armez s'étant aperçu en 1812 ou 1813, que des insectes l'attaquaient, la confia à un sieur Hamon, pharmacien à Rennes, qui employa un vernis coloré pour empêcher de nouveaux ravages.

Pour nous, nous le répétons, aucun doute n'était possible et tous ceux qui ont pu la voir ont partagé notre opinion. En faisant les recherches auxquelles nous nous sommes livré, nous n'avons eu qu'un but : ne laisser aucun doute dans l'esprit de ceux qui ont bien voulu nous lire. Nous serions largement récompensé de nos peines, si nous étions arrivé à ce résultat (1).

La lecture attentive des procès-verbaux nous a de plus démontré que si les ossements de Richelieu avaient été dispersés, ils étaient cependant encore dans les caveaux de la Sorbonne confondus avec ceux des différents membres de sa famille. Ils constatent en effet que les dépouilles mortelles extraites de tous les cercueils y ont été rejetées.

Nous avons pu, grâce à l'excessive bienveillance de Mgr. Maret, doyen de la faculté de théologie, descendre dans ces caveaux et nous les avons trouvés pleins d'ossements ; nous y avons même vu des têtes sciées d'une façon tout à fait analogue à celle du Cardinal, pour en faciliter l'embaumement.

Ces débris que nous foulions aux pieds, c'était tout ce qui restait de tant d'illustres personnages, si brillants autrefois.

C'étaient peut-être les cendres mêmes du Cardinal !

(1) « Le buste en bronze de Richelieu, placé dans la salle des arts de la Sorbonne, est aujourd'hui à la Bibliothèque Mazarin, et l'on y a joint, enchassé sous le cristal, un petit doigt du Cardinal-Ministre, que, lors de l'exhumation révolutionnaire, un maçon détacha pour en avoir la bague, et que recueillit précieusement le frère du bibliothécaire, M. Petit-Radel. » (Michaud. — Biographie universelle. — Article Richelieu.)

Les Commissaires révolutionnaires, chargés de l'ouverture des cercueils, en trouvèrent cinquante « tant grands que petits. » « Partie, lisons-nous dans le procès-verbal du 23 frimaire, desdits cercueils étaient garnis de plaques de cuivre portant inscription des noms, jour et année du décès des personnes renfermées dans lesdits cercueils, lesquelles plaques ont été enlevées et comptées ; la quantité s'est trouvée monter à quarante et desquelles la désignation suit. »

Et ils indiquent les noms de vingt-sept Richelieu et de douze docteurs de Sorbonne (1).

Nous n'avons pas suivi l'ordre dans lequel ces plaques ont été relevées ; nous avons préféré l'ordre généalogique et pour faciliter la lecture déjà aride de notre nomenclature, nous avons séparé la branche de Richelieu et de Fronsac de celle d'Aiguillon.

Toutes les personnes indiquées en gros caractères sont celles dont les Commissaires ont trouvé les plaques et qui, nous en sommes ainsi certains, ont été enterrées à la Sorbonne. Nous avons conservé l'orthographe révolutionnaire.

La plaque indiquée la dernière, la vingt-huitième, et par laquelle nous commençons, porte une inscription annonçant « *le cardinal de Richelieu, mort le 9 décembre* 1642, *âgé de* 58 ans (2). »

En mourant, Armand-Jean, duc de Richelieu et de Fronsac, cardinal, pair de France, commandeur de l'Ordre du Saint-Esprit, grand-maître, chef et surin-

(1) Une des plaques portait la même inscription que celle du maréchal de Richelieu, elle indiquait sans doute son cœur.

(2) Il était né en Poitou, à Richelieu, le 15 septembre 1585, et non à Paris ; ceci résulte de l'excellent travail de M. de Chergé (Mém. des antiques de l'Ouest 1836, p. 228), et plus récemment du 1er volume du *Cardinal de Richelieu*, par M. Martineau, avocat.

tendant de la navigation et commerce de France, lieu-
tenant-général en Bretagne, ne laissait personne pour
perpétuer son nom (1).

La maison qu'il avait illustrée allait s'éteindre puis-
qu'elle n'était plus représentée que par des femmes et
un évêque.

Voulant la perpétuer il laissa ses biens, son nom et
ses titres à Armand-Jean de Vignerot, petit-fils de sa
sœur, fils de Jean de Vignerot, marquis de Pontcourlay, que le cardinal avait fait général des galères (2).

Avec ce jeune homme commençait la seconde maison de Richelieu dont nous allons parler.

§ Ier.

**François de Wignerod, Paul de Courlay (3), décédé le
20 janvier 1746 (4), âgé de 37 ans.**

Le marquis de Pontcourlay était neveu du cardinal.
Il fut général des galères et remporta une victoire sur
les Espagnols, près de Gènes. Il épousa Marie-Françoise de Guémadeuc dont il eut :

1° Armand-Jean, duc de Richelieu par substitution,
qui suit.

(1) Il avait eu deux frères : 1° Henri, tué en duel en 1619, qui
n'eut pas d'enfants; 2° Alphonse-Louis, décédé Cardinal et grand
aumônier de France, à Lyon, le 23 mars 1653, et deux sœurs :
1° Françoise, mariée à Jean de Beauvais et plus tard à René de Vignerot, seigneur de Pontcourlay, en Poitou ; 2° Nicole, mariée à
Urbain de Maillé, marquis de Brézé, maréchal de France.

(2) Cette maison de Vignerot a été l'objet d'appréciations bien
diverses.

(3) De Pont-Courlay.

(4) Il faut lire 1646. C'est une erreur du copiste, les biographes
le font mourir le 26.

2° Jean-Baptiste-Amador, chef de la branche d'Aiguillon, qui suivra.

3° Emmanuel-Joseph, abbé de Marmoutiers, prieur de Saint-Martin-des-Champs.

4° Marie-Marthe, morte célibataire.

5° Marie-Thérèse, demoiselle d'Agénois, Duchesse d'Aiguillon après sa tante, madame de Combalet (1).

BRANCHE DE RICHELIEU ET DE FRONSAC.

§ II.

Armand-Jean-Duplessis de Richelieu et de Fronsac, décédé le 10 mai 1715, âgé de 84 ans.

Armand-Jean de Vignerot fut substitué aux titres de son grand-oncle le cardinal, par testament du 13 mai 1642. Si l'âge que lui donne cette plaque est exact il serait né en 1631 et non en 1629 comme l'indiquent quelques auteurs. Il fut chevalier des ordres du Roi, gouverneur des ville et citadelle du Hâvre, duc et pair.

Il se maria trois fois : 1° Avec Anne Poussart, le 26 décembre 1649 ; 2° Avec Anne-Marguerite d'Acigné, qui suivra ; 3° Avec Marguerite-Thérèse Rouillé qui suivra.

De son second mariage, il eut :

1° Louis-François-Armand, *le maréchal de Richelieu*, qui suivra.

(1) Marie-Madeleine de Vignerot, nièce du cardinal, fut mariée à Antoine du Roure, seigneur de Combalet et créée duchesse d'Aiguillon en 1638, Fléchier fit son oraison funèbre.

2° Catherine-Armande, madame du Châtelet, comtesse de Clermont, née le 22 juin 1685.

3° Elisabeth-Marie-Armande , religieuse de Saint-Remy des Landes et prieure perpétuelle des bénédictines de la rue des Postes, à Paris, née le 16 août 1686.

4° N... qui suivra.

5° Marie-Gabrielle-Elisabeth, religieuse de Port-Royal, coadjutrice de Sainte-Perine de la Villette et plus tard abbesse du Trésor, née le 27 juin 1689.

Anne-Marguerite d'Avrigné épouse de Armand-Jean Duplessis de Richelieu _et de Fronsac, décédée le 18 août 1698, âgée de 35 ans ou environ.

Il faut lire d'Acigné, au lieu d'Avrigné. Femme du précédent qu'elle épousa le 30 juillet 1684, elle était fille de Jean-Léonard, comte de Grandbois, et de Marie-Anne d'Acigné.

Marguerite-Thérèse Rouillé, princesse de Poix, veuve de Armand-Jean Duplessis de Richelieu et de Fronsac, décédée le 27 octobre 1729, âgée de 69 ans.

Fille de Jean, baron de Meslay, conseiller d'Etat, et de Marie de Comans d'Astric, elle était veuve de Jean-François, marquis de Noailles, lorsqu'elle épousa, le 20 mars 1702, Armand-Jean de Vignerot, duc de Richelieu.

Wignerod de Richelieu, âgé de 2 ans environ, décédé le 13 avril 1688.

Celui que je crois le quatrième enfant de Armand-Jean et de Anne-Marguerite d'Acigné.

§ III.

Louis-François-Armand Duplessis de Richelieu et de Fronsac, âgé de 92 ans et 6 mois, décédé le 8 aoust 1788.

Ses succès multiplés à la guerre et à la cour, son esprit et sa débauche ont rendu son nom populaire. Présenté à la cour, à l'âge de quatorze ans, madame de Maintenon informait ainsi son père de ses débuts : « Je suis ravie, mon cher Duc, d'avoir à vous dire « que M. le duc de Fronsac (1) réussit très-bien à « Marly. Jamais jeune homme n'est entré plus agréa- « blement dans le monde. Il plaît au Roi et à toute la « cour. »

Marié fort jeune à mademoiselle de Noailles (2), sœur du duc et nièce du cardinal de ce nom, arche- vêque de Paris, qui était plus âgée que lui, il montra peu de goût pour sa femme et fut un des hommes les plus corrompus de son siècle (3).

Il débuta comme mousquetaire , à la campagne de 1712, fameuse par la victoire de Denain. Aide-de- camp du maréchal de Villars qui avait remarqué sa bravoure, il fut blessé devant Fribourg.

Accusé de conspiration, le cardinal Dubois le fit

(1) Le fils aîné de la maison de Richelieu portait, du vivant de son père, le titre de duc de Fronsac.

(2) Sa mère avait épousé le père du maréchal déjà deux fois veuf.

(3) Il fut comparé à Alcibiade. Je crois que de ce mariage il eut un fils :

ARMAND-JEAN DE VIGNEROT DUPLESSIS DE RICHELIEU, PRINCE DE PORTIEN, FILS DE ARMAND-LOUIS DE VIGNEROD DUPLESSIS DE RICHE- LIEU, AGÉ DE DEUX MOIS DIX-NEUF JOURS, NÉ LE 9 JUIN 1719, ET MORT LE 23 AOUT MÊME ANNÉE.

enfermer à la Bastille dont l'amour qu'il avait inspiré
à mademoiselle de Charolais et à mademoiselle de
Valois, fille du régent, sut ouvrir les verrous.

Son nom lui valut à 24 ans un fauteuil à l'Académie
française, bien que son discours de réception présen-
tât nombre de fautes d'orthographe.

Nommé ambassadeur à Vienne en 1725, son entrée
dans cette ville fut d'un faste inusité. Il déploya une
grande habileté dans sa mission et le roi lui donnait
avant l'âge, il n'avait que 32 ans, le collier de ses
ordres.

Rentré en France en 1729, il remplaça le Président
de Maisons (1732) à l'académie des inscriptions.

Il servit en Allemagne avec son régiment, se distingua au siége de Kehl et fut nommé brigadier des armées du Roi (1).

Veuf de sa première femme depuis 1716, il épousa
7 avril 1735), Charlotte Sophie de Guise, princesse
de Lorraine — qui suivra — qu'il aimait. Elle dut
prendre un certain ascendant sur lui. Il avait vive-
ment désiré cette alliance avec un sang Impérial.

Blessé au siége de Philipsbourg, il fut, en 1798,
créé maréchal de camp.

Ami complaisant de Louis XV, ce fut lui qui con-
seilla à ce monarque de se montrer à l'armée lors de
la guerre de la succession d'Autriche. Richelieu, nou-
vellement nommé, accompagnait le Roi en qualité
d'aide-de-camp pendant cette campagne où sa majesté
faillit mourir. Le rôle que joua le duc auprès du Roi
et de madame de Châteauroux fut fort triste ; la jour-

---

(1) Il était aussi intrépide en combat singulier et ses nombreux
duels n'ont pas peu contribué à sa célébrité.

née de Fontenoy lui permit heureusement d'effacer un peu cette tache. Élevé à la dignité de maréchal de France, à la suite de la délivrance de Gênes, il fut appelé plus tard au gouvernement de la Guienne et de la Gascogne.

Là ne devaient pas s'arrêter ses succès; malheureusement pendant la campagne de Hanovre, il devait s'attirer le triste surnom de *Petit Père la Maraude* en donnant toute licence à ses soldats (1).

C'est au retour de cette campagne qu'il fit bâtir ce pavillon élégant qui a conservé le surnom de *Pavillon de Hanovre*.

Ici finit la vie militaire du maréchal ; nous ne trouverons plus en lui qu'un courtisan, uniquement occupé d'intrigues et de plaisirs.

En 1780, il se maria une troisième fois et épousa mademoiselle de Lavaulx, veuve d'un gentilhomme irlandais, M. de Rothe. Il avait alors 84 ans.

Heureux jusqu'à son dernier jour, il mourut à 92 ans, le 8 août 1788.

Les agitations révolutionnaires allaient commencer et, quelques mois plus tard, le maréchal devait être arraché de son tombeau par une horde révolutionnaire dont ses débauches n'avaient peut-être pas peu contribué à exciter les passions.

De son second mariage, le maréchal avait eu :

1° Sophie-Louis-Antoine, qui suivra.

(1) Le roi de Prusse, Frédéric, lui fit écrire par son frère, le prince Henri, le 30 janvier 1758 : « Après les horribles désordres, « vénations et déprédations que les troupes françaises viennent de « commettre dans la dernière incursion qu'elles viennent de faire « dans la principauté d'Halberstadt, j'ai ordre du Roi de vous « avertir qu'on agira avec la même inhumanité et barbarie dans « les terres des alliés du roi de France, et que désormais on exercera sur les officiers français prisonniers les indignes traitements « que vos troupes ont exercés envers les sujets de Sa Majesté. »

2o Jeanne-Sophie-Elisabeth-Louise-Armande Septimanie, mariée au comte d'Egmont-Pignatelli, duc de
Bisache, grand d'Espagne de 1re classe.

**Charlotte-Sophie de Lorraine et de Guise, épouse de
Louis-Armand-François Duplessis de Richelieu et de
Fronsac, décédée le 2 août 1740, âgée de 30 ans.**

C'était la seconde femme du maréchal qu'elle
épousa, le 7 avril 1734, à l'âge de 24 ans. Elle était
fille d'Anne-Marie-Joseph, prince de Guise et de
Marie-Louise-Christine Jeannin de Castille.

§ IV.

**Louis-Sophie-Antoine du Plessis de Richelieu, décédé le
4 février 1791, âgé de 54 ans passés.**

Né en 1736, le duc de Richelieu ne survécut que
3 ans à son père ; aussi n'est-il guère connu que sous
le nom de duc de Fronsac qu'il porta pendant la vie
de celui-ci. Il fut aussi pair et maréchal de France,
chevalier des ordres du Roi, gouverneur de Guienne,
membre de l'Académie Française, etc. C'est de lui
que son père disait : « Il a tous mes défauts sans avoir
mes qualités. » Aussi le vieux maréchal reportait-il
toute son affection sur son petits-fils, le comte
de Chinon qui devait être le dernier duc de la seconde maison de Richelieu. Le duc de Fronsac
se distingua par sa valeur au siége de Mahon fait par
son père ; il reçut en récompense la croix de Saint-
Louis et le Roi lui donna la survivance de la charge
de premier gentilhomme de la chambre.

Il épousa en premières noces :

Adélaïde Gabrielle de Hautefort qui suivra.

Il en eut :

Armand-Sophie-Emile-Camille Duplessis de Richelieu, âgé de 2 ans et 3 mois 15 jours, fils de Louis-Sophie-Antoine Duplessis de Richelieu, décédé le 11 juin 1767.

1° Cet enfant que par son âge et la date de sa mort, j'ai tout lieu de croire fils du duc de Fronsac et de mademoiselle de Hautefort n'est point indiqué dans les généalogies.

2° Armand-Emmanuel-Sophie Septimanie qui suivra.

En secondes noces :

Marie-Anne de Galiffet, qui suivra, dont :

3° Armande-Marie,-Antoinette qui suivra.

4° Armande - Simplicie - Gabrielle-Armande, qui suivra.

Le duc de Richelieu fut le dernier enterré avant la révolution dans l'église de la Sorbonne. En effet quelques jours après sa mort, les tombes étaient violées.

Adélaïde-Gabrielle de Hautefort, épouse de Fronsac, décédée le 3 février 1767, âgée de 24 ans et 9 mois.

Mademoiselle de Juillac, fille d'Emmanuel Harcourt avait épousé le second maréchal de Richelieu, le 25 février 1764.

« *Ce que les pères renversent, les fils le relèvent;*
« *l'homme outrage, mais le temps venge* » ainsi que

le disait si éloquement monseigneur l'archevêque de Paris. Une ère de paix devait succéder à ces heures d'anarchie où le silence du tombeau n'était plus respecté, où les cendres des pères étaient jetées au vent par les fils. L'église de la Sorbonne allait encore être le dernier asile des membres de son illustre patron.

On voit en effet à gauche du chœur une chapelle dans laquelle s'élève un tombeau en marbre blanc, à la mémoire du duc de Richelieu, ministre de Louis XVIII. Il est placé sur un caveau où depuis la révolution ont été enterrés les Richelieu. Ce caveau a été ouvert le 22 décembre 1866, en présence de Sa Grandeur M. Maret, évêque de Sura et doyen de la faculté de théologie.

On y descend par un escalier de quelques marches. A droite de cet escalier, sous une table de pierre, sur le sol même est un cercueil détérioré, sans aucune inscription, mais à côté duquel est placée une petite dalle libre sur laquelle on lit :

Dame Marie-Antoinette de Galiffet, Duchesse de Richelieu, décédée le 19 août 1814.

Fille de Philippe-Christophe-Amateur, baron de Dampierre, et de Marie de Levis, elle fut la seconde femme du duc de Fronsac, fils du maréchal, qu'elle épousa le 20 avril 1776.

Nous avons vu précédemment qu'elle en eut deux filles qui suivent.

Sur la table de pierre placée au-dessus de ce cercueil, en sont deux autres qui portent des plaques de plomb. Sur la première nous avons lu :

Armande-Marie-Antoinette Duplessis de Richelieu, marquise de Montcalm-Gozon, née à Paris le 27 juin 1777, morte à Paris, le 17 août 1832.

Sur la deuxième près du mur.

Dame Simplicie-Gabrielle-Armande Duplessis de Richelieu, marquise de Jumilhac, décédée à Rome le 20 mars 1840, 62 ans (1).

Ce sont ses descendants qui ont relevé le nom de Richelieu ainsi que nous le verrons tout à l'heure.

§ V.

Enfin à gauche de l'escalier est un autre cercueil parfaitement conservé, recouvert encore de velours noir à clous d'argent. Il renferme le corps du :

Duc de Richelieu.

Le dernier de la seconde maison de Richelieu, Armand-Emmanuel-Sophie Septimanie de Vignerot, duc de Richelieu et de Fronsac, né le 25 septembre 1766, fut d'abord connu sous le nom de comte de Chinon qu'il porta tant que vécut son grand-père, le maréchal de Richelieu. C'est de lui que ce dernier disait par opposition au duc de Fronsac : « Il aura toutes mes qualités sans avoir aucun de mes défauts, » et il l'ins-

(1) A l'extrémité de son cercueil est une urne de plomb renfermant ses viscères cérébraux et intestinaux.

titua son légataire universel. Il servit dans l'armée russe et y mérita le grade de lieutenant général en 1801. Gouverneur d'Odessa dont il fit un grand port de commerce, il rentra en France à la Restauration et devint pair de France, chevalier du Saint-Esprit et ministre. Il prit une noble part au traité du 20 novembre 1815 et lorsqu'il se retira des affaires, en 1818, les chambres, interprètes des sentiments de la nation, lui votèrent une dotation de 50,000 francs de revenus. Le duc de Richelieu monta à la tribune, combattit les conclusions du rapport; mais forcé d'accepter cet honorable hommage, il le consacra à la fondation de l'hospice de Saint-André à Bordeaux.

Il avait épousé Rosalie-Sabine de Rochechouart, dont il n'eut pas d'enfants.

Il est mort le 18 mai 1822, laissant son nom et son titre au fils aîné de sa sœur, M. de Jumilhac, duc de Richelieu actuel qui n'a point d'enfants; son frère le marquis de Jumilhac, aujourd'hui décédé, lui a été substitué ainsi que ses descendants mâles, enfants de mademoiselle du Pouget de Nadaillac.

Les descendants sont :

M. Armand de Jumilhac, né en 1847.

M. Marcel de Jumilhac, né en 1848.

BRANCHE D'AIGUILLON

§ II.

Amador-Jean-Baptiste, Duplessis de Richelieu, décédé le 11 avril 1662, âgé de 29 ans.

Né le 8 novembre 1632, *le marquis de Richelieu,* était fils de François de Vignerot, marquis de Pontcourlay et par suite petit-neveu du cardinal. C'est à son frère que celui-ci avait laissé son titre ducal.

Il fut lieutenant général des armées du roi, gouverneur du Hâvre, capitaine des châteaux de Saint-Germain-en-Laye et de Versailles.

Il avait épousé Anne-Jeanne-Baptiste de Beauvais en 1652, qui suit.

Anne-Jeanne-Baptiste de Beauvais, veuve de Jean-Baptiste Duplessis de Richelieu, décédée le 30 avril 1663, âgée de 25 ans et demi,

Première femme de chambre et favorite d'Anne d'Autriche, elle était fille de Pierre, Seigneur de Gentilly, et de Catherine-Henriette Bellier.

De ce mariage naquirent :

1° Louis Armand qui suivra, le premier duc d'Aiguillon.

2° Louis-Armand de Vignerod de Richelieu, décédé le 7 aoust 1668, âgé de 7 ans douze jours.

3° Marie-Françoise, religieuse à Chelles et prieure de Crécy-en-Brie.

4º Elisabeth, mariée à Nicolas Quélin, seigneur du Plessis, substitut du procureur général au parlement de Paris.

5º Marie-Marthe, abbesse de Saint-Remy-des-Landes.

§ III.

Louis-Armand Duplessis de Richelieu Daiguillon, décédé le 23 octobre 1730 (1), âgé de 76 ans 14 jours.

Né le 9 novembre 1654 le duc d'Aiguillon comte d'Agénois fut mestre-de-camp de cavalerie et gouverneur de La Fère.

Il avait épousé, Marie-Charlotte de la Porte-Mazarin, fille du duc de Mazarin et de la Meilleraye et d'Hortense Mancini.

Il eut :

1º Armand-Louis qui suivra.

2º Innocent-Jules de Villerot (2) Duplessis de Richelieu, âgé de 21 ans, fils de Louis-Armand de Villerot Duplessis de Richelieu, décédé le 26 septembre 1705.

L'abbé de Richelieu que certains généalogistes appellent Innocent-Louis et font mourir le 27.

---

(1) Les auteurs de l'excellent ouvrage sur les familles nobles du Poitou indiquent le 22 octobre 1730.
(2) Vignerot.

§ IV.

Armand-Louis Duplessis Richelieu Daiguillon, décédé le 3 février 1750, âgé de 66 ans 5 mois.

Il était petit-neveu de la nièce du Cardinal, Marie-Madeleine, fille de René de Vignerot et de Françoise Duplessis de Richelieu, pour laquelle son éminence acheta le duché d'Aiguillon en 1638.

Il était en même temps neveu de Thérèse dont nous avons déjà parlé, décédée religieuse en 1705, et qui ne fut jamais titulaire du duché d'Aiguillon que lui avait légué sa tante, avec substitution en sa faveur. Il ne fut d'abord connu que sous le nom de *marquis de Richelieu*; mais il prit le titre de duc d'Aiguillon, en 1731, lorsque cette duché-pairie eût été rétablie en sa faveur. C'est à lui que l'on doit attribuer quelque souvrages les plus impies et les plus libres de cette époque. L'un d'eux, tiré à sept exemplaires seulement est intitulé : *Recueil de pièces choisies rassemblées par le cosmopolite ;* il l'imprima lui-même dans sa terre de Verret, près de Tours.

Le 12 août 1718, il avait épousé Anne-Charlotte de Crussol de Florensac qui suit. Les biographes le font mourir le 31 janvier et la plaque indique pour cette date le 3 février.

Anne-Charlotte de Crussol, veuve de Armand-Louis Duplessis Richelieu d'Aiguillon, âgée de 73 ans, décédée à Ruel le 15 juin 1772 (1), transportée à la Sorbonne le 16 du même mois.

Sa figure douce prévenait tellement en sa faveur

(1) C'est donc à tort que quelques biographes le font mourir en 1780.

qu'on l'appelait la *bonne duchesse d'Aiguillon*. Cependant cette réputation pourrait bien être usurpée si l'on
en croit la maréchale de Mirepoix lorsqu'elle dit :
« qu'une caresse de la duchesse douairière d'Aiguillon
était aussi dangereuse qu'une morsure du duc
d'Ayen. » Elle mourut d'apoplexie dans son bain.
Elle était fille deLouis, marquis de Florensac et de
Marie-Louise-Thérèse de Saint-Nectaire.

De cette union naquirent.

1° Emmanuel-Armand qui suit.

2° Marie-Anne-Julie Duplessis de Richelieu, fille de Armand-
Louis Duplessis de Richelieu d'Agenois. décédée le 16 mai
1728, âgée de 5 ans 18 jours.

3° Elisabeth-Charlotte de Vignerod du Plessis de Richelieu
Dagenois. fille d'Armand-Louis de Wignerod Duplessis de
Richelieu, décédée le 5 octobre 1725 âgée de 4 mois.

4° Louis-Armand-Gilles Duplessis de Richelieu, fils de Armand-Louis Duplessis de Richelieu D'Aiguillon, décédé le 31
décembre 1735, âgé de 6 ans et 8 mois.

5° Jules-Armand-Charles Duplessis de Richelieu et d'Aiguillon, né le 4 décembre 1730, mort le 3 janvier 1736,

§ V.

Armand Duplessis Richelieu, né le 31 juillet 1720, décédé
le 1ᵉʳ septembre 1788 (1).

C'était le *duc d'Aiguillon*, trop fameux par son
ministère sous lequel la Pologne était partagée entre
la Russie, la Prusse et l'Autriche. C'est de ce triste
partage que Louis XV disait : « *Si Choiseul eût été
ici, il n'aurait pas eu lieu.* »

L'avénement de Louis XVI amena sa disgrâce. Le protégé de madame Dubarry alla finir son existence dans l'exil (1).

Il avait épousé, le 4 février 1740, Louise-Félicité de Bréhan, dame du palais de la Reine, fille de Louis-Robert-Hippolyte, comte de Plélo, ambassadeur de France en Danemark, et de Louise-Françoise Phelippeaux de la Vrillière, dont il eut :

1° Armand-Désiré qui suivra.

2° Innocente-Aglaé , née le 28 décembre 1747, mariée à Joseph-Dominique , Guignes de Moreton, marquis de Chabrillan (1).

3° Agathe-Rosalie Duplessis Richelieu d'Aiguillon, âgée de 6 ans 5 mois, fille de Emmanuel-Armand Duplessis de Richelieu d'Aiguillon.

4° Armande-Elizabeth-Félicité Daiguillon dite Dagenois , fille de Manuel-Armand Duplessis de Richelieu d'Aiguillon, âgée de 13 ans et demi, décédée en 1759.

§ VI.

Armand-Désiré de Vignerot du Plessis Richelieu, duc d'Aiguillon, pair de France, etc., né le 1er novembre 1761, capitaine-lieutenant des chevaux-légers de la garde du roi, puis colonel du régiment Royal-Pologne-Cavalerie ; maréchal-de-camp, fut député de la noblesse d'Agénois aux Etats-Généraux de 1789.

(1) C'est lui qui fit construire la superbe chaire en marbre de l'église Saint-Sulpice, de Paris ; une inscription l'indique encore aujourd'hui.

(2) On m'assure que la famille de Chabrillan possède un buste du Cardinal, buste qui montre son nez un peu incliné comme la face rendue par M. Armez.

Le 25 juin , il se réunit , avec la minorité de son
ordre, au tiers-état. Dans la nuit du 4 août, il fut le
second à renoncer à leurs priviléges. « Accusé d'a-
« voir été l'un des hommes déguisés en femmes qui
« excitèrent le désordre à Versailles dans la nuit du 5
« au 6 octobre 1789, il repoussa ces accusations ; mais
« ses dénégations ne convainquirent personne , et
« l'abbé Maury l'apostropha un jour au milieu de l'as-
« semblée, en lui disant : *Tais-toi salope!* (1) »

Après s'être fait remarquer par ses opinions contre
le roi, il traita d'usurpatrice l'asssemblée qui l'avait
renversé. Décrété d'accusation après le 10 août 1792,
il émigra à Hambourg où il vécut longtemps avec ses
amis Lameth. Il mourut dans cette ville, la 4 mai
1800, au moment où il venait d'être rayé de la liste
des émigrés. Il n'eut pas d'enfants de son mariage
avec Jeanne-Victoire-Henriette de Navailles.

En lui s'éteignait le titre de duc d'Aiguillon et seul
de tous les Vignerot de Richelieu il ne devait pas re-
poser dans l'église de la Sorbonne.

Des ossements !

Voilà tout ce qu'il restait de tant de grandeurs !
Vanitas vanitatum, omnia vanitas, dit l'ecclésiaste.
Ecoutons ce que dit, à son tour le procès-verbal du
23 frimaire an II :

« A l'égard des cercueils de plomb, nous les avons
« laissés dans l'église, attendu que la mauvaise odeur
« qu'ils répandent, infecterait un petit endroit resserré
« dans lequel on pourrait les déposer (2). »

(1) Biographie Michaud.
(2) « Nous avons trouvé, ajoute-t-il, dans ladite église un grand
tableau de chapelle, peint sur toile par Brenet, en 1778, représen-

Voilà l'oraison funèbre prononcée par les commissaires de la République (¹)!

tant Saint Paul, lequel tableau nous avons fait déposer au comité civil jusqu'à nouvel ordre... » Et ils signent : « Saillard, Grincourt, commissaire, Charles-François Denoyelle, Dubois, Hébert, greffier.»

(1) Il y avait encore un cercueil contenant le corps d'un enfant que nous n'avons su rattacher à cette généalogie :

ARMAND WIGNEROD DE RICHELIEU, FILS DE ARMAND WIGNEROD DE RICHELIEU, AGÉ DE QUATRE MOIS.

Avec les membres de la famille de Richelieu, les commissaires délégués par la République trouvèrent un certain nombre de cercueils renfermant les restes de docteurs en Sorbonne.

Les noms de douze ont été portés dans les procès-verbaux.

Ce sont :

Martin Grandin, docteur de Sorbonne, mort le seize novembre 1691.

Il fut syndic de la faculté de théologie :

Gabriel Dobes, docteur, décédé le huit novembre 1656, âgé de cinquante-sept ans.

Robert Duval, docteur, mort le vingt novembre 1652, âgé de quarante-sept ans.

Élie Dufresne de Mincé, docteur, décédé le trois octobre 1609, âgé de quatre-vingt-deux ans.

Il fut membre de la Commission que Louis XIV institua pour réformer l'Université de Paris. Il était de la faculté de théologie (1).

Jean Bourdon, docteur, mort le dix-sept avril 1680, âgé de vingt-neuf ans.

Jean-Baptiste Destampes, docteur, décédé le six janvier 1684, âgé de quarante-six ans.

Jean Omelane, docteur, décédé le cinq novembre 1774, âgé de soixante-quinze ans.

François Dupré, docteur, décédé le vingt-sept décembre 1717, âgé de soixante-quinze ans, un mois et dix-sept jours.

Jérôme Duchesne, docteur, décédé le douze février 1664, âgé de soixante-dix-neuf ans.

(1) Ch. Jourdain. — Hist. de l'Université de Paris, p. 228.

Jean Mulot, docteur, décédé le trois décembre 1653, âgé de soixante-cinq ans.

Il fut doyen de la faculté de Théologie.

Antoine Bouzié de Stovillié, docteur, décédé le onze mars 1716, âgé de quatre-vingt-huit ans.

Pierre Hilaire Dasne, docteur, décédé le premier janvier 1738, âgé de trente-sept ans.

FIN

Coulommiers. — Typographie de A. MOUSSIN.

www.ingramcontent.com/pod-product-compliance
Lightning Source LLC
Chambersburg PA
CBHW051750050726
47598CB00003B/1409